Äthiopisch-orthodoxe Bibel

Enthüllung der detaillierten Geschichte der ältesten erhaltenen Bibel mit 88 Büchern, darunter Apokryphen

Biblia Print

Inhaltsverzeichnis

Einführung

Die äthiopisch-orthodoxe Bibel gilt als eine der ältesten und umfassendsten Sammlungen biblischer Texte in der christlichen Tradition. Mit seinen 88 Büchern umfasst es eine Vielzahl kanonischer und apokryphischer Schriften, die einzigartig für die äthiopisch-orthodoxe Tewahedo-Kirche sind. Diese Sammlung unterstreicht nicht nur die tiefen historischen Wurzeln des Christentums in Äthiopien, sondern spiegelt auch das reiche kulturelle und religiöse Erbe wider, das über Jahrhunderte hinweg bewahrt wurde. Die äthiopisch-orthodoxe Bibel zeichnet sich durch die Einbeziehung von Texten aus, die in anderen christlichen Kanonen nicht zu finden sind, wie beispielsweise die Bücher Henoch und Jubiläen, die einen breiteren Bereich theologischer und historischer Erzählungen bieten.

Einführung in die äthiopisch-orthodoxe Bibel

Die Ursprünge der äthiopisch-orthodoxen Bibel lassen sich bis in die frühen Jahrhunderte des Christentums zurückverfolgen, wobei sie maßgeblich von jüdischen, christlichen und indigenen äthiopischen Traditionen beeinflusst wurde. Der Prozess seiner Entstehung war komplex und vielschichtig und umfasste im Laufe der Zeit verschiedene Übersetzungen und Anpassungen. Zunächst wurden viele der Texte aus griechischen und syrischen Quellen in Ge'ez, die alte liturgische Sprache Äthiopiens, übersetzt. Diese Übersetzungsarbeit begann bereits im 4. Jahrhundert, als das Christentum unter König Ezana offiziell als Staatsreligion des Aksumitischen Reiches angenommen wurde.

Die äthiopisch-orthodoxe Bibel umfasst sowohl das Alte als auch das Neue Testament, ihr alttestamentlicher Kanon ist jedoch deutlich umfangreicher als der anderer christlicher Traditionen. Es enthält Bücher, die von anderen Konfessionen als apokryph oder deuterokanonisch angesehen werden. Diese zusätzlichen Bücher, wie Enoch, Jubilee und die Bücher von Meqabyan, bieten einzigartige theologische Einsichten und Erzählungen, die integraler Bestandteil der äthiopischen christlichen Lehre und Tradition sind. Das Neue Testament umfasst auch Bücher, die in anderen christlichen Traditionen Standard sind, aber in den Kontext der äthiopisch-orthodoxen Theologie und kirchlichen Tradition eingebettet sind.

Einer der auffälligsten Aspekte der äthiopisch-orthodoxen Bibel ist ihr Festhalten an der alten Manuskripttradition. Über Jahrhunderte hinweg wurden diese Texte sorgfältig von Hand auf Pergament kopiert und oft mit farbenfrohen Illustrationen versehen, die biblische Szenen und Heilige darstellen. Diese als „dəggwa" bekannten Manuskripte werden sowohl als religiöse Texte als auch als Kunstwerke geschätzt. Sie werden typischerweise in Klöstern und Kirchen aufbewahrt, wo sie in liturgischen Gottesdiensten und für Andachtslesungen verwendet werden. Die Erhaltung dieser Manuskripte ist ein Beweis für das Engagement der äthiopisch-orthodoxen Kirche, ihr religiöses Erbe zu bewahren.

Bedeutung der äthiopisch-orthodoxen Bibel in der christlichen Geschichte

Die äthiopisch-orthodoxe Bibel nimmt im breiteren Kontext der christlichen Geschichte einen enormen Stellenwert ein. Es stellt eine der frühesten und beständigsten Traditionen der Bibelwissenschaft und Liturgie außerhalb der westlichen und östlichen orthodoxen Sphären dar. Diese Bibel ist nicht nur ein religiöser Text, sondern ein kulturelles Artefakt, das die Geschichte, Theologie und das spirituelle Leben des äthiopischen Christentums zusammenfasst.

Einer der wichtigsten Beiträge der äthiopisch-orthodoxen Bibel zur christlichen Geschichte ist die Einbeziehung des Buches Henoch. Dieser alte Text, der in anderen christlichen Kanons weitgehend fehlt, hatte einen tiefgreifenden Einfluss auf die Entwicklung der christlichen Eschatologie und Angelologie. Das Buch Henoch bietet detaillierte Beschreibungen des himmlischen Reiches, der Natur der Engel und prophetischer Visionen der Endzeit. Seine Präsenz im äthiopischen Kanon unterstreicht die einzigartigen theologischen Perspektiven, die das äthiopische christliche Denken geprägt haben.

Die äthiopisch-orthodoxe Bibel unterstreicht auch die Kontinuität jüdischer Traditionen innerhalb des äthiopischen Christentums. Die Einbeziehung von Texten wie „Jubiläen" und „Die Himmelfahrt Jesajas" spiegelt eine tiefe Auseinandersetzung mit der jüdischen apokalyptischen Literatur und dem Judentum des Zweiten Tempels wider. Diese Texte schlagen eine Brücke zwischen dem Alten und dem Neuen Testament und bieten ein umfassenderes Verständnis der Kontinuität des Bundes Gottes mit seinem Volk. Diese Kontinuität wird im äthiopischen liturgischen Kalender und in den Bräuchen weiter betont, die Elemente der jüdischen Praxis beibehalten, wie etwa die Feier des Pessachfestes (Fasika) und des Sabbats.

Zusätzlich zu ihren theologischen Beiträgen hat die äthiopisch-orthodoxe Bibel eine wichtige Rolle im kulturellen und sozialen Leben Äthiopiens gespielt. Die Bibel war eine Quelle moralischer und ethischer Orientierung und prägte die Werte und Normen der äthiopischen Gesellschaft. Seine Lehren über Gerechtigkeit, Nächstenliebe und Gemeinschaft prägen seit Jahrhunderten das soziale Gefüge des äthiopischen Lebens. Die darin enthaltenen Geschichten und Gleichnisse sind mit den mündlichen Überlieferungen und der Folklore des äthiopischen Volkes verwoben und bereichern dessen kulturelles Erbe.

Auch in der Geschichte biblischer Manuskripte nimmt die äthiopisch-orthodoxe Bibel einen besonderen Platz ein. Die Garima-Evangelien, von denen angenommen wird, dass sie zu den ältesten erhaltenen illuminierten christlichen Manuskripten gehören, sind ein Beweis für die langjährige Tradition der Bibelwissenschaft und -kunst in Äthiopien. Diese Manuskripte, die in den frühen Jahrhunderten des Christentums erstellt wurden, bieten unschätzbare Einblicke in die frühe Entwicklung der christlichen Ikonographie und Schriftinterpretation. Die Erhaltung solcher Texte ist angesichts der historischen Herausforderungen, die Invasionen, Naturkatastrophen und politische Unruhen mit sich bringen, eine bemerkenswerte Leistung.

Darüber hinaus hat die äthiopisch-orthodoxe Bibel das christliche Denken über die Grenzen Äthiopiens hinaus beeinflusst. Die einzigartigen Perspektiven und Texte dieser Bibel haben Wissenschaftler und Theologen auf der ganzen Welt fasziniert. Die Wiederentdeckung des Buches Henoch im 18. Jahrhundert beispielsweise weckte erneutes Interesse an apokalyptischer Literatur und ihren Auswirkungen auf das frühe Christentum. Die äthiopische Tradition hat somit zu einem breiteren Verständnis der Vielfalt und des Reichtums frühchristlicher Schriften beigetragen.

Die Bedeutung der äthiopisch-orthodoxen Bibel zeigt sich auch in ihrer Rolle bei der Förderung einer ausgeprägten äthiopischen christlichen Identität. Der Kanon spiegelt eine Synthese der indigenen äthiopischen Überzeugungen und Praktiken mit der christlichen Lehre wider, was zu einem einzigartigen Ausdruck des Glaubens führt, der tief in der äthiopischen Kultur verwurzelt ist. Diese Synthese zeigt sich in der Kunst, Musik und Architektur der äthiopisch-orthodoxen Kirche, die sich alle stark an biblischen Themen und Erzählungen orientiert.

Auch in der heutigen Zeit ist die äthiopisch-orthodoxe Bibel weiterhin eine Quelle der Inspiration und spirituellen Nahrung für Millionen äthiopisch-orthodoxer Christen. Es ist von zentraler Bedeutung für das liturgische Leben der Kirche und leitet den Gottesdienst, das Gebet und die sakramentale Praxis. Die Lehren der

Bibel finden bei den Gläubigen weiterhin Anklang und bieten einen moralischen Kompass und eine Quelle der Hoffnung und des Trostes in schwierigen Zeiten.

Kapitel 1

Ursprünge und Entwicklung der äthiopisch-orthodoxen Bibel

Die äthiopisch-orthodoxe Bibel ist einer der ältesten und markantesten Bibelkanone der christlichen Welt und spiegelt eine einzigartige Konvergenz religiöser, kultureller und historischer Einflüsse wider. Seine Ursprünge und Entwicklung sind eng mit der Geschichte des Christentums in Äthiopien verflochten, geprägt durch eine Kombination aus frühen Manuskripten, Übersetzungen, der Bildung eines eigenen Kanons und dem breiteren kulturellen und historischen Kontext der Region.

Frühe Manuskripte und Übersetzungen

Die frühesten Manuskripte der äthiopisch-orthodoxen Bibel stammen aus den frühen Jahrhunderten des Christentums, insbesondere aus der Zeit, als das Christentum erstmals in der Region eingeführt wurde. Eine Schlüsselrolle in diesem Prozess spielte das Aksumitische Reich, das sich im heutigen Norden Äthiopiens und Eritreas befand. Das Christentum wurde im 4. Jahrhundert unter König Ezana offiziell als Staatsreligion angenommen und markierte den Beginn einer bedeutenden Veränderung in der religiösen Landschaft Äthiopiens.

Eine der Schlüsselfiguren in der frühen Entwicklung der äthiopisch-orthodoxen Bibel war Frumentius, ein christlicher Missionar, dem oft zugeschrieben wird, dass er das Christentum nach Äthiopien gebracht hat. Frumentius wurde zusammen mit seinem Bruder Aedesius gefangen genommen und nach Aksum gebracht, wo er schließlich ein vertrauenswürdiger Berater des Königs wurde. Sein Einfluss führte zur Gründung einer christlichen Gemeinschaft und zur anschließenden Übersetzung biblischer Texte in Ge'ez, die liturgische Sprache der äthiopisch-orthodoxen Kirche.

Die Übersetzung der Bibel in Ge'ez war eine monumentale Aufgabe, die die Anpassung von Texten aus griechischen und syrischen Quellen erforderte. Die Übersetzer standen vor der Herausforderung, komplexe theologische Konzepte und Erzählungen in eine Sprache zu übertragen, die bisher hauptsächlich mündlich genutzt wurde. Dieser Prozess umfasste nicht nur die sprachliche Übersetzung, sondern auch die kulturelle Anpassung, um sicherzustellen, dass die biblischen Texte mit dem lokalen Kontext und den Traditionen in Einklang standen. Die daraus resultierenden Manuskripte wurden sorgfältig von Hand kopiert und oft mit aufwändigen

Illustrationen und Dekorationen verziert, die die hohe Wertschätzung widerspiegelten, die diesen Texten entgegengebracht wurde.

Zu den frühesten und bedeutendsten Manuskripten zählen die Garima-Evangelien, die vermutlich aus dem 5. oder 6. Jahrhundert stammen. Diese illuminierten Manuskripte gehören zu den ältesten erhaltenen christlichen Texten und zeichnen sich durch ihre aufwendige Kunst und detaillierte Kalligraphie aus. Die Garima-Evangelien bieten unschätzbare Einblicke in die frühen Stadien der Bibelübersetzung und Manuskriptproduktion in Äthiopien und zeigen die Verschmelzung christlicher und lokaler künstlerischer Traditionen.

Bildung des Kanons

Die Bildung des äthiopisch-orthodoxen Bibelkanons war ein komplexer und schrittweiser Prozess, der sich über mehrere Jahrhunderte erstreckte. Im Gegensatz zu anderen christlichen Traditionen hat die äthiopisch-orthodoxe Kirche nicht schon früh einen festen Kanon formalisiert. Stattdessen entwickelte sich der Kanon organisch und wurde von theologischen Debatten, liturgischen Bedürfnissen und der Verfügbarkeit von Texten beeinflusst.

Eines der charakteristischen Merkmale der äthiopisch-orthodoxen Bibel ist, dass sie eine größere Anzahl von Büchern enthält, als sie in den Kanonen anderer christlicher Traditionen zu finden sind. Das äthiopische Alte Testament enthält insgesamt 46 Bücher, verglichen mit den 39 Büchern der hebräischen Bibel und den unterschiedlichen Zahlen in anderen christlichen Kanons. Zusätzlich zu den Büchern

Das äthiopische Alte Testament findet sich in der hebräischen Bibel und enthält mehrere apokryphe oder deuterokanonische Bücher, die nicht Teil anderer christlicher Bibeln sind. Dazu gehören unter anderem die Bücher Henoch, die Jubiläen und die Bücher Meqabyans. Die Einbeziehung dieser Texte spiegelt die einzigartigen theologischen und liturgischen Prioritäten der äthiopisch-orthodoxen Kirche sowie ihre historischen Verbindungen zu frühen jüdischen und christlichen Traditionen wider.

Das Buch Henoch zum Beispiel ist ein herausragender Text im äthiopischen Kanon, der detaillierte Beschreibungen des himmlischen Reiches, der Natur der Engel und prophetischer Visionen der Endzeit enthält. Dieses Buch, das in anderen christlichen Kanons weitgehend fehlt, hatte einen erheblichen Einfluss auf die christliche Theologie und Eschatologie Äthiopiens. In ähnlicher Weise bietet das Buch der Jubiläen einen erweiterten Bericht über die biblische Geschichte, indem es Ereignisse aus der Genesis auf eine Weise neu interpretiert, die Themen des Bundes und des göttlichen Gesetzes hervorhebt. Diese Texte tragen zusammen mit anderen im äthiopischen Kanon enthaltenen Texten zu einer besonderen theologischen Perspektive bei, die göttliche Gerechtigkeit, kosmische Ordnung und die Rolle der Engel im göttlichen Plan betont.

Der neutestamentliche Kanon der äthiopisch-orthodoxen Kirche ähnelt eher dem anderer christlicher Traditionen, darunter den vier Evangelien, der Apostelgeschichte, den Paulusbriefen und anderen apostolischen Schriften. Allerdings enthält das äthiopisch-orthodoxe Neue Testament auch weitere Texte, die in anderen Traditionen als apokryph gelten, etwa die Synodos, die aus verschiedenen kirchlichen und liturgischen Schriften besteht, und die Didascalia, eine Sammlung frühchristlicher Lehren und Kirchenordnungen.

Der Prozess der Kanonbildung in der äthiopisch-orthodoxen Kirche wurde nicht durch formelle Konzile oder Synoden vorangetrieben, wie es in anderen christlichen Traditionen der Fall war. Stattdessen wurde es von den praktischen Bedürfnissen der Kirche geprägt, einschließlich ihrer liturgischen Praktiken, theologischen Debatten und der Verfügbarkeit von Manuskripten. Der Kanon wurde auch durch die

Verbindungen der Kirche zu anderen christlichen Gemeinschaften beeinflusst, insbesondere im östlichen Mittelmeerraum und im Nahen Osten. Im Laufe der Zeit entwickelte die äthiopisch-orthodoxe Kirche einen unverwechselbaren Bibelkanon, der ihr einzigartiges theologisches und kulturelles Erbe widerspiegelt.

Kulturelle und historische Einflüsse

Die Entwicklung der äthiopisch-orthodoxen Bibel wurde stark vom kulturellen und historischen Kontext Äthiopiens beeinflusst. Das Aksumitische Reich, das vom 4. bis zum 7. Jahrhundert florierte, war ein wichtiges Zentrum für Handel, Kultur und religiöse Aktivitäten. Seine strategische Lage an der Schnittstelle zwischen Afrika, Arabien und dem Mittelmeerraum erleichterte den Austausch von Ideen und Texten und trug zur reichen Vielfalt des äthiopischen Bibelkanons bei.

Die Einführung des Christentums als Staatsreligion unter König Ezana markierte einen bedeutenden Wendepunkt in der äthiopischen Geschichte. Dieses Ereignis etablierte nicht nur das Christentum als einen zentralen Aspekt der äthiopischen Identität, sondern leitete auch eine Zeit intensiver religiöser und kultureller Transformation ein. Überall im Königreich entstanden christliche Klöster und Kirchen, die zu Zentren des

Lernens, der Manuskriptproduktion und der theologischen Reflexion wurden. Insbesondere die klösterliche Tradition spielte eine entscheidende Rolle bei der Bewahrung und Weitergabe biblischer Texte sowie bei der Interpretation und Vermittlung ihrer Inhalte.

Das äthiopische Christentum entwickelte sich auch im Dialog mit anderen religiösen Traditionen, darunter dem Judentum und dem Islam. Der Einfluss des Judentums zeigt sich besonders deutlich im äthiopischen Bibelkanon, der Texte enthält, die einen engen Bezug zur jüdischen apokalyptischen Literatur und zum Judentum des Zweiten Tempels haben. Die Einbeziehung des Buches Henoch und des Buches der Jubiläen spiegelt beispielsweise den anhaltenden Einfluss jüdischer Traditionen auf das äthiopische Christentum wider. Dieser Einfluss zeigt sich auch im liturgischen Kalender und in den liturgischen Praktiken der Kirche, die Elemente der jüdischen Bräuche beibehalten, wie etwa die Feier des Pessachfestes (Fasika) und des Sabbats.

Islamische Einflüsse sind auch in der Entwicklung der äthiopisch-orthodoxen Bibel erkennbar. In der frühen islamischen Zeit kam es zu bedeutenden Interaktionen zwischen Äthiopien und der islamischen Welt, insbesondere durch Handel und kulturellen Austausch. Während die Äthiopisch-Orthodoxe Kirche ihre ausgeprägte christliche Identität beibehielt, trugen diese Interaktionen zum breiteren kulturellen und religiösen Milieu bei, in dem die Bibel interpretiert und verstanden wurde.

Die äthiopisch-orthodoxe Bibel spiegelt auch die historischen Erfahrungen des äthiopischen Volkes wider, darunter Zeiten von Konflikten, Migration und kulturellem Austausch. Die Zagwe-Dynastie, die vom 10. bis 13. Jahrhundert herrschte, und die darauffolgende salomonische Dynastie, die behauptete, vom biblischen König Salomo und der Königin von Saba abstammen zu können, spielten beide eine entscheidende Rolle bei der Gestaltung der religiösen und kulturellen Identität Äthiopiens. Diese Dynastien unterstützten die Kirche und ihre Klostergemeinschaften und pflegten eine reiche Tradition der Bibelwissenschaft und Manuskriptproduktion.

Zusätzlich zu diesen historischen Einflüssen wurde die äthiopisch-orthodoxe Bibel durch die liturgischen und Andachtspraktiken der Kirche geprägt. Die Bibel ist nicht nur eine Sammlung von Texten, sondern ein lebendiges Dokument, das integraler Bestandteil des Gottesdienstes und des spirituellen Lebens der äthiopisch-orthodoxen Gemeinschaft ist. Die Liturgie der Äthiopisch-Orthodoxen Kirche ist reich an Bibellesungen, Hymnen und Gebeten, die weitgehend auf den heiligen Schriften basieren. Dieser liturgische Gebrauch der Bibel hat dazu beigetragen, ihre Bewahrung und Weitergabe über die Jahrhunderte hinweg sowie ihre tiefe Integration in das spirituelle Leben der Gläubigen sicherzustellen.

Auch die visuellen und künstlerischen Traditionen Äthiopiens haben bei der Entwicklung und Bewahrung der Bibel eine bedeutende Rolle gespielt. Äthiopische illuminierte Manuskripte gehören mit ihren aufwendigen Illustrationen und leuchtenden Farben zu den bemerkenswertesten Beispielen christlicher Kunst. Diese Manuskripte vermitteln nicht nur den biblischen Text, sondern interpretieren und verstärken seine Bedeutung auch durch visuelle Bilder. Die Kunst der Buchmalerei hat zusammen mit anderen Formen religiöser Kunst wie Ikonen und Kirchenwandgemälden dazu beigetragen, Generationen äthiopischer Christen die Geschichten und Lehren der Bibel zu vermitteln.

Kapitel 2

Die Struktur der äthiopisch-orthodoxen Bibel

Die äthiopisch-orthodoxe Bibel sticht in der christlichen Tradition aufgrund ihrer einzigartigen Struktur und der Einbeziehung einer größeren Bandbreite an Texten hervor als jeder andere Bibelkanon. Diese Bibel besteht aus 88 Büchern und enthält eine Vielzahl von Schriften, darunter solche, die als kanonisch, deuterokanonisch und apokryphisch kategorisiert sind. Diese umfangreiche Sammlung spiegelt den theologischen, liturgischen und kulturellen Reichtum der äthiopisch-orthodoxen Tewahedo-Kirche wider. Um die Struktur dieser Bibel zu verstehen, müssen die Gesamtzusammensetzung, die historische und religiöse Bedeutung der apokryphen Bücher sowie die spezifische Organisation und Anordnung dieser Texte untersucht werden.

Übersicht über die 88 Bücher

Die äthiopisch-orthodoxe Bibel umfasst eine deutlich größere Anzahl von Büchern als der protestantische, katholische oder ostorthodoxe Kanon. Das Alte Testament der äthiopisch-orthodoxen Bibel besteht aus 46 Büchern, während das Neue Testament 35 Bücher enthält. Darüber hinaus gibt es sieben Bücher, die dem breiteren Korpus des biblischen Erbes der Kirche zugeordnet sind.

Das Alte Testament beginnt mit den bekannten Büchern Genesis, Exodus, Levitikus, Numeri und Deuteronomium, die zusammen als Pentateuch oder Tora bekannt sind. Diese grundlegenden Texte beschreiben die Erschaffung der Welt, die frühe Geschichte der Menschheit und die Gesetze, die dem Volk Israel gegeben wurden. Auf den Pentateuch folgen die historischen Bücher, zu denen unter anderem Josua, Richter, Ruth, die Bücher Samuel und die Bücher der Könige gehören. Diese Texte erzählen die Geschichte Israels von der Eroberung Kanaans bis zum babylonischen Exil.

Der äthiopische Kanon umfasst auch Bücher, die von anderen christlichen Traditionen als apokryph oder deuterokanonisch angesehen werden. Bemerkenswert unter diesen sind die Bücher Henoch, die Jubiläen und die Bücher von Meqabyan. Die Einbeziehung dieser Texte bietet eine breitere theologische und historische Perspektive und bereichert den narrativen und doktrinären Rahmen des äthiopisch-orthodoxen Glaubens. Darüber hinaus enthält das Alte Testament die Psalmen, Weisheitsliteratur sowie die Großen und Kleinen Propheten, die poetische, philosophische und prophetische Einblicke in die Beziehung zwischen Gott und seinem Volk bieten.

Das Neue Testament der äthiopisch-orthodoxen Bibel umfasst die vier Evangelien Matthäus, Markus, Lukas und Johannes, die das Leben, die Lehren, den Tod und die Auferstehung Jesu Christi detailliert beschreiben. Auf die Evangelien folgt die Apostelgeschichte, die die Geschichte der frühen Kirche und die Ausbreitung des Christentums aufzeichnet. Zum Neuen Testament gehören auch die Paulusbriefe, die allgemeinen Briefe und das Buch der Offenbarung. Einzigartig im äthiopischen Kanon sind zusätzliche Texte wie die Synodos und die Didascalia, die kirchliche Lehren und Kirchenordnungen enthalten.

Apokryphe Bücher

Die in der äthiopisch-orthodoxen Bibel enthaltenen apokryphen Bücher sind von großer historischer und theologischer Bedeutung. Diese Texte, die oft aus anderen christlichen Kanons ausgeschlossen sind, bieten wertvolle Einblicke in das religiöse Denken und die religiösen Praktiken früher jüdischer und christlicher Gemeinschaften. Ihre Aufnahme in die äthiopische Bibel unterstreicht die einzigartigen theologischen Perspektiven und das kulturelle Erbe der äthiopisch-orthodoxen Kirche.

Eines der bekanntesten apokryphen Bücher im äthiopischen Kanon ist das Buch Henoch. Dieser dem Patriarchen Henoch zugeschriebene Text bietet detaillierte Beschreibungen der himmlischen Bereiche, der Natur der Engel und prophetischer Visionen der Endzeit. Das Buch Henoch ist aufgrund seiner ausführlichen Angelologie und seines Einflusses auf die frühchristliche Eschatologie besonders bedeutsam. Seine Themen göttliches Gericht und kosmische Ordnung spiegeln die äthiopisch-orthodoxe Theologie wider, die die moralischen und spirituellen Dimensionen der menschlichen Existenz betont.

Das Buch der Jubiläen, ein weiterer wichtiger apokryphischer Text, stellt eine Nacherzählung der Ereignisse aus der Genesis und eines Teils des Exodus dar, wobei der Schwerpunkt auf der chronologischen Reihenfolge der Ereignisse liegt. Es bietet eine erweiterte Erzählung, die zusätzliche Details und Interpretationen enthält, insbesondere in Bezug auf die Gesetze und die Bundesbeziehung zwischen Gott und seinem Volk. Die Aufnahme des Jubiläumsbuchs unterstreicht das Engagement der Äthiopisch-Orthodoxen Kirche für ein ganzheitliches Verständnis der biblischen Geschichte und ihrer theologischen Implikationen.

Die Bücher von Meqabyan sind im Gegensatz zu den Makkabäerbüchern in anderen Traditionen ebenfalls Teil des äthiopischen Kanons. Diese Bücher erzählen von den Kämpfen und dem Heldentum jüdischer Führer in ihrem Widerstand gegen Unterdrückung und der Bewahrung ihres Glaubens. Die Erzählungen über Mut, Treue und göttliches Eingreifen in diesen Texten spiegeln die historischen Erfahrungen der äthiopisch-orthodoxen Gemeinschaft wider, die im Laufe der Jahrhunderte mit ihren eigenen Herausforderungen und Triumphen konfrontiert war.

Andere apokryphe Texte wie die Himmelfahrt Jesajas und der Hirte des Hermas bereichern den äthiopischen Bibelkanon zusätzlich. Die Himmelfahrt Jesajas bietet einen visionären Bericht über die Reise des Propheten Jesaja durch die Himmel und seine Visionen vom zukünftigen Messias, während der Hirte von Hermas allegorische Lehren über Reue und moralisches Verhalten bietet. Diese Texte tragen zu den vielfältigen theologischen und moralischen Lehren innerhalb der äthiopisch-orthodoxen Tradition bei und bieten den Gläubigen Orientierung und Inspiration.

Die historische Bedeutung dieser apokryphen Bücher geht über ihren theologischen Inhalt hinaus. Sie bieten einen Einblick in das religiöse und kulturelle Milieu der Gemeinschaften, die sie hervorgebracht und bewahrt haben. Die Aufnahme dieser Texte in den äthiopisch-orthodoxen Kanon spiegelt die Offenheit der Kirche gegenüber einem breiten Spektrum religiöser Schriften und ihr Engagement für die Bewahrung des gesamten Spektrums ihres spirituellen Erbes wider.

Kanonische Organisation und Anordnung

Die Organisation und Anordnung der äthiopisch-orthodoxen Bibel ist unterschiedlich und spiegelt die theologischen und liturgischen Prioritäten der Kirche wider. Der Kanon ist in zwei Hauptabschnitte unterteilt: das Alte Testament und das Neue Testament, wobei zusätzliche Texte in einem ergänzenden Korpus enthalten sind. Jeder Abschnitt ist so angeordnet, dass die Vernetzung der Texte und ihre gemeinsame Rolle bei der Übermittlung der göttlichen Botschaft hervorgehoben werden.

Das Alte Testament beginnt mit dem Pentateuch, der den Grundstein für den Rest der biblischen Erzählung legt. Auf diese fünf Bücher folgen die historischen Bücher, die einen chronologischen Überblick über die Geschichte Israels bieten. Die Platzierung dieser Bücher spiegelt ihre Bedeutung für das Verständnis der Entfaltung von Gottes Plan und der Bundesbeziehung mit seinem Volk wider. Den historischen Büchern folgt die Poesie- und

Weisheitsliteratur, darunter die Psalmen, Sprichwörter, Prediger und das Hohelied Salomos. Diese Bücher bieten Reflexionen über die Natur Gottes, die menschliche Existenz und das Streben nach Weisheit und Gerechtigkeit.

Die prophetischen Bücher, sowohl die großen als auch die kleinen, stehen am Ende des Alten Testaments. Diese Texte vermitteln die Botschaften der Propheten, die das Volk Israel zur Umkehr und Treue zu Gott aufriefen. Die prophetischen Bücher enthalten auch Visionen zukünftiger Erlösung und Wiederherstellung, die für die theologische Sichtweise der äthiopisch-orthodoxen Kirche von zentraler Bedeutung sind. Die Einbeziehung apokryphischer Bücher neben den kanonischen Texten unterstreicht das umfassendere Verständnis der Kirche von göttlicher Offenbarung und ihr Engagement für die Bewahrung einer umfassenden Schrifttradition.

Das Neue Testament ist auf ähnliche Weise aufgebaut, wobei die Evangelien im Vordergrund stehen. Die vier Evangelien bieten einen harmonischen Bericht über das Leben und die Lehren Jesu Christi, die für den christlichen Glauben von zentraler Bedeutung sind. Auf die Evangelien folgt die Apostelgeschichte, die die Geschichte der frühen Kirche und die Verbreitung des Evangeliums detailliert beschreibt. Die Platzierung der Apostelgeschichte unmittelbar nach den Evangelien unterstreicht die Kontinuität zwischen dem Wirken Jesu und der Mission der Apostel.

Die Paulusbriefe, zu denen Briefe des Apostels Paulus an verschiedene frühchristliche Gemeinschaften gehören, folgen der Apostelgeschichte. Diese Briefe enthalten theologische Lehren, moralische Ermahnungen und praktische Ratschläge zum Ausleben des christlichen Glaubens. Die allgemeinen Briefe, die von anderen Aposteln und frühen christlichen Führern verfasst wurden, stehen nach den Paulusbriefen. Diese Briefe befassen sich mit umfassenderen Themen innerhalb der frühen Kirche und bieten weitere Hinweise zur Lehre und zum ethischen Leben.

Das Buch der Offenbarung mit seinen apokalyptischen Visionen und symbolischen Bildern schließt das Neue Testament ab. Seine Platzierung am Ende des Kanons spiegelt seinen Fokus auf die endgültige Erfüllung von Gottes Plan und den Abschluss der Geschichte wider. Die Themen Gericht, Erlösung und Errichtung des Reiches Gottes stimmen mit der allgemeinen eschatologischen Sichtweise der äthiopisch-orthodoxen Kirche überein.

Zusätzlich zu den Hauptabschnitten des Alten und Neuen Testaments enthält die äthiopisch-orthodoxe Bibel ergänzende Texte, die integraler Bestandteil der kirchlichen und liturgischen Tradition der Kirche sind. Diese Texte, wie die Synodos und die Didascalia, enthalten Anweisungen zur Kirchenführung, zu liturgischen Praktiken und zu ethischen Lehren. Ihre Aufnahme in den Kanon unterstreicht den ganzheitlichen Ansatz der Äthiopisch-Orthodoxen Kirche zur Heiligen Schrift, der nicht nur doktrinäre und historische Schriften, sondern auch praktische und liturgische Anleitung umfasst.

Die Gestaltung der äthiopisch-orthodoxen Bibel spiegelt die theologischen Prioritäten der Kirche und ihr Engagement für die Bewahrung einer umfassenden und vielfältigen Schrifttradition wider. Die Aufnahme apokryphischer Bücher neben kanonischen Texten unterstreicht die Anerkennung der Kirche für den Wert dieser Schriften bei der Vermittlung göttlicher Wahrheiten und der Führung des spirituellen Lebens der Gläubigen. Die Gliederung der Texte in zusammenhängende Abschnitte stellt sicher, dass die übergreifende Erzählung der Heilsgeschichte klar kommuniziert wird, von der Schöpfung und den Bundesgrundlagen im Alten Testament über das Leben, die Lehren und das Erlösungswerk Jesu Christi im Neuen Testament bis hin zum Fortgang Leben der Kirche.

Kapitel 3

Die Apokryphen in der äthiopisch-orthodoxen Bibel

Die äthiopisch-orthodoxe Bibel ist dafür bekannt, dass sie auf einzigartige Weise eine beträchtliche Anzahl apokryphischer Bücher enthält, was sie von anderen christlichen Bibelkanonen unterscheidet. Diese apokryphen Texte, die in anderen Traditionen oft als nicht-kanonisch oder deuterokanonisch angesehen werden, nehmen innerhalb der äthiopisch-orthodoxen Kirche einen bedeutenden Platz ein.

Erforschung der im Kanon enthaltenen apokryphen Bücher

Die apokryphen Bücher in der äthiopisch-orthodoxen Bibel umfassen ein breites Spektrum an Genres, darunter historische Erzählungen, prophetische Visionen, Weisheitsliteratur und apokalyptische Schriften. Unter diesen zeichnen sich mehrere Texte durch ihre theologische Tiefe, historische Einsichten und kulturelle Relevanz aus.

Einer der bekanntesten apokryphen Texte ist das Buch Henoch oder 1 Henoch. Dieses Buch, das dem vorsintflutlichen Patriarchen Henoch zugeschrieben wird, bietet eine komplexe und detaillierte Vision des Kosmos, des göttlichen Gerichts und der Endzeit. Das Buch Henoch ist in mehrere Abschnitte unterteilt, darunter das Buch der Wächter, das Buch der Gleichnisse und das Buch der himmlischen Leuchten. Diese Abschnitte enthalten ausführliche Beschreibungen gefallener Engel, himmlischer Bereiche und eschatologischer Prophezeiungen. Die Betonung des Buches Henoch auf Angelologie, göttlicher Gerechtigkeit und dem letztendlichen Triumph der Gerechtigkeit hat es zu einem entscheidenden Text in der äthiopisch-orthodoxen Theologie gemacht.

Ein weiteres bedeutendes apokryphes Werk ist das Buch der Jubiläen, auch bekannt als die Kleine Genesis. Dieses Buch interpretiert die Ereignisse von Genesis und Exodus neu und präsentiert sie in einem chronologischen Rahmen, der die Geschichte in Jubiläumsperioden von 49 Jahren unterteilt. Das Buch der Jubiläen erweitert die biblischen Erzählungen, liefert zusätzliche Details und Gesetze und betont Themen wie Bund, Reinheit und göttliche Ordnung. Es dient als interpretative Brücke zwischen den patriarchalischen Geschichten und dem mosaischen Gesetz und unterstreicht die Bedeutung des Gehorsams gegenüber Gottes Geboten.

Die Bücher von Meqabyan (oft als die äthiopischen Makkabäer bezeichnet) sind ein weiterer bemerkenswerter Eintrag. Diese Bücher unterscheiden sich von den Makkabäern im katholischen und orthodoxen Kanon und erzählen die Geschichten jüdischer Helden, die sich der Unterdrückung durch das Ausland widersetzten und ihren Glauben hochhielten. Die Meqabyan-Bücher beleuchten Themen wie Märtyrertum, göttliches Eingreifen und die Widerstandsfähigkeit der Gläubigen und spiegeln die historischen Erfahrungen der äthiopisch-orthodoxen Kirche mit Kampf und Beharrlichkeit wider.

Auch das Buch Baruch und der Brief Jeremias gehören zum äthiopischen Kanon. Das Buch Baruch, das dem Schreiber des Propheten Jeremia zugeschrieben wird, enthält Gebete, Sündenbekenntnisse und Überlegungen zu Weisheit und Exil. Der an die babylonischen Exilanten gerichtete Brief Jeremias warnt vor Götzendienst und betont die Sinnlosigkeit der Anbetung falscher Götter. Diese Texte tragen zum reichen Fundus der prophetischen Literatur in der äthiopischen Bibel bei und bieten Einblicke in die spirituellen und moralischen Herausforderungen, mit denen die jüdische Gemeinschaft im Exil konfrontiert ist.

Die Himmelfahrt Jesajas ist ein weiterer apokryphischer Text im äthiopischen Kanon. Dieses Buch kombiniert Elemente der Prophezeiung und der Apokalypse und beschreibt die visionäre Reise des Propheten Jesaja durch die sieben Himmel und seine Begegnungen mit Engelwesen. Die Himmelfahrt Jesajas betont die Themen der göttlichen Offenbarung, des kosmischen Kampfes zwischen Gut und Böse und des endgültigen Sieges des Messias. Seine lebendige Bildsprache und theologische Tiefe haben es zu einem wichtigen Text für die äthiopisch-orthodoxe Eschatologie gemacht.

Weitere apokryphe Texte in der äthiopischen Bibel sind der Hirte des Hermas, der Barnabasbrief und die Testamente der Zwölf Patriarchen. Der Hirte von Hermas, ein christlicher apokalyptischer Text, bietet moralische Lehren und Visionen, die Reue und ethisches Verhalten betonen. Der Barnabasbrief bietet allegorische Interpretationen des Alten Testaments und betont die spirituelle Erfüllung des mosaischen Gesetzes in Christus. Die Testamente der Zwölf Patriarchen, die den Söhnen Jakobs zugeschrieben werden, enthalten ethische Lehren, Prophezeiungen und Überlegungen zu Tugend und Laster.

Bedeutung und Interpretation innerhalb der äthiopisch-orthodoxen Tradition

Die Aufnahme und Interpretation apokryphischer Bücher in die äthiopisch-orthodoxe Bibel spiegelt das besondere theologische und kulturelle Erbe der Kirche wider. Bei diesen Texten handelt es sich nicht nur um ergänzende Lektüren, sondern sie werden als integraler Bestandteil des kirchlichen Verständnisses von Heiliger Schrift, Lehre und Spiritualität betrachtet.

Das Buch Henoch beispielsweise nimmt einen zentralen Platz in der äthiopisch-orthodoxen Theologie ein. Seine detaillierten Beschreibungen himmlischer Bereiche, Engelwesen und eschatologischer Ereignisse bieten eine umfassende Vision der göttlichen Ordnung und des kosmischen Kampfes zwischen Gut und Böse. Die Themen Gericht, Buße und göttliche Gerechtigkeit finden in der äthiopisch-orthodoxen Tradition, die die moralischen und spirituellen Dimensionen des Glaubens betont, einen tiefen Widerhall. Der Einfluss des Buches Henoch erstreckt sich auf liturgische Praktiken, Ikonographie und theologische Diskurse und prägt das Verständnis der Kirche von Angelologie und Eschatologie.

Das Buch der Jubiläen ist wegen seiner Betonung des Bundes und der Einhaltung göttlicher Gesetze von Bedeutung. Die Nacherzählung der patriarchalischen Erzählungen und der Gesetze, die Moses gegeben wurden, unterstreicht die Bedeutung des Gehorsams gegenüber Gottes Geboten und der Wahrung der rituellen Reinheit. Das Buch der Jubiläen unterstreicht auch die Idee der heiligen Zeit, indem es die Geschichte in Jubiläumsperioden unterteilt und die zyklische Natur des göttlichen Eingreifens und der Erlösung betont. Diese Perspektive steht im Einklang mit dem liturgischen Kalender der Äthiopisch-Orthodoxen Kirche, der verschiedene Feste und Fasten umfasst, die an wichtige Ereignisse in der Heilsgeschichte erinnern.

Die Bücher von Meqabyan spiegeln die historischen Erfahrungen der äthiopisch-orthodoxen Gemeinschaft mit Widerstand und Widerstandsfähigkeit wider. Die Erzählungen jüdischer Helden, die standhaft in ihrem Glauben gegen Unterdrückung stehen, spiegeln die eigene Geschichte der Verfolgung und des Kampfes der Kirche wider. Die Themen Märtyrertum, göttliches Eingreifen und der Triumph des Glaubens in den Meqabyan-Büchern inspirieren und ermutigen die Gläubigen und stärken das Engagement der Kirche für Standhaftigkeit und Beharrlichkeit.

Das Buch Baruch und der Brief Jeremias bieten Überlegungen zu den Herausforderungen des Exils und der Bedeutung der Treue zu Gott. Diese Texte befassen sich mit den spirituellen und moralischen Dilemmata, mit denen die jüdische Gemeinschaft im Exil konfrontiert ist, und betonen die Notwendigkeit von Reue, Gebet und dem Festhalten an der göttlichen Weisheit. Die Themen Exil und Rückkehr in diesen Büchern spiegeln die historische Erzählung der äthiopisch-orthodoxen Kirche wider, die Perioden der Vertreibung und Erneuerung umfasst. Die prophetischen Botschaften der Hoffnung und Wiederherstellung in Baruch und Jeremia bekräftigen die eschatologische Vision der Kirche von der göttlichen Befreiung und der endgültigen Erfüllung der Versprechen Gottes.

Die Himmelfahrt Jesajas trägt mit ihren lebendigen Bildern der himmlischen Bereiche und dem kosmischen Kampf zwischen Gut und Böse zum eschatologischen Rahmen der äthiopisch-orthodoxen Kirche bei. Die visionäre Reise Jesajas durch die sieben Himmel bietet einen detaillierten Bericht über die göttliche Ordnung und die Rolle von Engelwesen bei der Vermittlung göttlicher Offenbarung. Die Betonung der Himmelfahrt Jesajas auf dem endgültigen Sieg des Messias und der Errichtung des Reiches Gottes steht im Einklang mit den eschatologischen Lehren der Kirche, die die Themen Gericht, Auferstehung und ewiges Leben hervorheben.

Der Hirte von Hermas bietet mit seinen moralischen Lehren und apokalyptischen Visionen praktische Anleitung für ethisches Leben und spirituelles Wachstum. Ihr Schwerpunkt auf Reue, moralischem Verhalten und gemeinschaftlicher Verantwortung steht im Einklang mit dem Fokus der Äthiopisch-Orthodoxen Kirche auf persönliche Heiligkeit und gemeinschaftliche Integrität. Die allegorischen Interpretationen und visionären Erfahrungen des Hirten von Hermas bieten einen Rahmen für das Verständnis der spirituellen Reise und der transformierenden Kraft der göttlichen Gnade.

Der Barnabasbrief und die Testamente der Zwölf Patriarchen tragen zur äthiopisch-orthodoxen exegetischen Tradition bei, indem sie allegorische und ethische Interpretationen der Heiligen Schrift bieten. Die Betonung der spirituellen Erfüllung des mosaischen Gesetzes in Christus im Barnabasbrief bietet eine christozentrische Perspektive auf das Alte Testament und stärkt die theologische Kontinuität der Kirche zwischen dem Alten und dem Neuen Testament. Die Testamente der Zwölf Patriarchen bieten Überlegungen zu Tugend und Laster und betonen die Bedeutung ethischen Verhaltens und der Weitergabe moralischer Lehren von Generation zu Generation. Diese Texte stehen im Einklang mit der Betonung der äthiopisch-orthodoxen

Kirche auf ethischem Leben, moralischer Unterweisung und der Kontinuität der Glaubenstraditionen.

Die Interpretation apokryphischer Texte innerhalb der äthiopisch-orthodoxen Tradition zeichnet sich durch einen ganzheitlichen Ansatz aus, der theologische, liturgische und ethische Dimensionen integriert. Die Kirche betrachtet diese Texte als Teil eines umfassenderen Schriftkanons, der ein umfassendes Verständnis der göttlichen Offenbarung und der menschlichen Erfahrung bietet. Die apokryphen Bücher sind nicht isoliert von den kanonischen Texten, sondern werden als Ergänzung betrachtet und bieten zusätzliche Einsichten und Perspektiven, die das theologische und spirituelle Erbe der Kirche bereichern.

Die liturgische Verwendung apokryphischer Texte in der äthiopisch-orthodoxen Kirche unterstreicht ihre Bedeutung zusätzlich. Diese Texte fließen in das Gottesdienst- und Gebetsleben der Kirche ein und bilden einen integralen Bestandteil der liturgischen Lesungen, Hymnen und Gebete. Die Verwendung apokryphischer Bücher in der Liturgie stärkt ihre Rolle bei der Gestaltung des spirituellen Bewusstseins der Gläubigen und ihres Verständnisses göttlicher Geheimnisse. Der liturgische Kontext bietet auch einen Rahmen für die Interpretation dieser Texte, wenn sie im gemeinschaftlichen Gottesdienst der Kirche gelesen und verkündet werden.

Die Aufnahme apokryphischer Bücher in den äthiopisch-orthodoxen Kanon spiegelt die umfassendere theologische und kulturelle Identität der Kirche wider. Die Äthiopisch-Orthodoxe Kirche zeichnet sich seit jeher durch ihre Offenheit gegenüber einer Vielzahl religiöser Schriften und ihr Engagement für die Bewahrung einer reichen und vielfältigen Schrifttradition aus. Die Einbeziehung apokryphischer Texte unterstreicht die Anerkennung der Kirche für den Wert dieser Schriften bei der Vermittlung göttlicher Wahrheiten, der Bereitstellung moralischer Führung und der Bereicherung des spirituellen Lebens der Gläubigen.

Kapitel 4

Der kulturelle Einfluss der äthiopisch-orthodoxen Bibel

Die äthiopisch-orthodoxe Bibel ist nicht nur ein religiöser Text, sondern ein tiefgreifendes kulturelles Artefakt, das über Jahrhunderte hinweg die Identität, Werte und Traditionen der äthiopischen Gesellschaft geprägt hat. Sein Einfluss erstreckt sich über den Bereich der Spiritualität hinaus auf das Gefüge der äthiopischen Kultur, einschließlich ihrer Literatur, Kunst und Musik.

Rolle der Bibel in der äthiopischen Gesellschaft

Die äthiopisch-orthodoxe Bibel nimmt einen zentralen Platz im religiösen und kulturellen Leben Äthiopiens ein. Es wird nicht nur als heilige Schrift verehrt, sondern auch als grundlegender Text, der soziale Normen, ethisches Verhalten und gemeinschaftliche Werte prägt. Die Lehren der Bibel durchdringen jeden Aspekt des täglichen Lebens, leiten das individuelle Verhalten und prägen die kollektive Identität.

Eine der wichtigsten Rollen der Bibel in der äthiopischen Gesellschaft ist ihre Funktion als moralischer und ethischer Leitfaden. Die Lehren der Bibel bieten einen Rahmen für das Verständnis der Konzepte von Gerechtigkeit, Mitgefühl, Demut und Rechtschaffenheit. Die Erzählungen biblischer Figuren wie Abraham, Moses, David und Jesus Christus dienen als moralische Vorbilder und inspirieren den Einzelnen, nach göttlichen Prinzipien zu leben. Insbesondere die Gleichnisse und Lehren Jesu werden häufig in Predigten, Diskussionen und persönlichen Reflexionen zitiert und unterstreichen die Bedeutung von Liebe, Vergebung und ethischem Leben.

Auch im Bildungssystem Äthiopiens spielt die Bibel eine entscheidende Rolle. Traditionell waren kirchliche Schulen, sogenannte Qene-Schulen, die wichtigsten Einrichtungen für den Alphabetisierungs- und Religionsunterricht. Diese Schulen verwenden die Bibel als zentralen Text und bringen den Schülern das Lesen und Schreiben durch das Studium von Schriftstellen bei. Der Prozess des Auswendiglernens und Rezitierens biblischer Texte vermittelt nicht nur Lese- und Schreibfähigkeiten, sondern vermittelt auch eine tiefe Vertrautheit mit den heiligen Schriften. Dieses Bildungssystem hat dafür gesorgt, dass die Bibel eine lebendige und dynamische Präsenz im Leben der

Äthiopier bleibt und ihre intellektuelle und spirituelle Entwicklung schon in jungen Jahren prägt.

Neben ihrer pädagogischen Funktion ist die Bibel ein wesentlicher Bestandteil der rechtlichen und politischen Kultur Äthiopiens. Historisch gesehen haben sich äthiopische Herrscher und Führer oft an die Bibel gewandt, um Rat für Regierungsführung und Gerechtigkeit zu finden. Biblische Prinzipien wurden verwendet, um Autorität zu legitimieren, Rechtsordnungen festzulegen und Streitigkeiten beizulegen. Das Konzept des göttlichen Königtums, das in der biblischen Erzählung von König Salomon verwurzelt ist, hat in der politischen Ideologie Äthiopiens eine bedeutende Rolle gespielt. Diese Verbindung zwischen der Bibel und der politischen Autorität unterstreicht die tiefe Verflechtung von religiösem und säkularem Leben in der äthiopischen Gesellschaft.

Der Einfluss der Bibel zeigt sich auch in den Ritualen und Zeremonien, die wichtige Ereignisse im Leben markieren. Von der Geburt bis zum Tod bietet die Bibel einen spirituellen Rahmen für das Verständnis und die Feier der Lebensabschnitte. Taufen, Hochzeiten und Beerdigungen werden mit Lesungen und Gebeten aus der Bibel durchgeführt, wobei die Heiligkeit dieser Momente und ihre Verbindung zur göttlichen Erzählung betont werden. Die Präsenz der Bibel bei diesen Zeremonien unterstreicht ihre Rolle als Quelle des Trostes, der Führung und des Sinns im Leben von Einzelpersonen und Gemeinschaften.

Literarische, künstlerische und musikalische Darstellungen

Die äthiopisch-orthodoxe Bibel hat die literarischen, künstlerischen und musikalischen Traditionen Äthiopiens tiefgreifend beeinflusst und zu einem reichen kulturellen Erbe beigetragen, das weiterhin gedeiht und sich weiterentwickelt.

Literarische Darstellungen

Die äthiopische Literatur ist tief in der biblischen Tradition verwurzelt. Die Erzählungen, Themen und Charaktere der Bibel haben eine Vielzahl literarischer Werke inspiriert, von epischen Gedichten bis hin zu Hagiographien und theologischen Abhandlungen. Eines der bemerkenswertesten Beispiele ist Kebra Nagast oder „Die Herrlichkeit der Könige", ein epischer Text, der die Abstammung der äthiopischen Herrscher auf König Salomo und die Königin von Saba zurückführt. Dieser Text, der sich stark auf biblische Quellen stützt, hat eine entscheidende Rolle bei der Gestaltung der nationalen

Identität Äthiopiens und der Legitimität der salomonischen Dynastie gespielt.

Auch in den Werken äthiopischer Heiliger und Gelehrter sind biblische Geschichten und Themen weit verbreitet. Die Hagiographien von Heiligen wie Tekle Haymanot, Ewostatewos und Yared sind von biblischen Motiven und Lehren durchdrungen und präsentieren diese Figuren als lebendige Verkörperungen biblischer Tugenden. Diese Texte bieten nicht nur spirituelle Erbauung, sondern dienen auch als wichtige historische Dokumente, die Einblicke in das religiöse und kulturelle Leben Äthiopiens über verschiedene Epochen hinweg bieten.

Neben Hagiographien waren theologische Abhandlungen und Kommentare bedeutende literarische Formen im äthiopischen Christentum. Wissenschaftler und Theologen haben umfangreiche Werke zur Interpretation und Erläuterung der biblischen Texte verfasst und so zu einer reichen Tradition biblischer Exegese und theologischer Reflexion beigetragen. Diese Schriften haben eine entscheidende Rolle bei der Gestaltung der Lehr- und Liturgikpraktiken der äthiopisch-orthodoxen Kirche gespielt und beeinflussen weiterhin den zeitgenössischen theologischen Diskurs.

Künstlerische Darstellungen

Die äthiopisch-orthodoxe Bibel hat eine lebendige Tradition religiöser Kunst inspiriert, die sich durch ihre unverwechselbare Ikonographie, Manuskriptbeleuchtung und architektonische Gestaltung auszeichnet. Äthiopische religiöse Kunst ist bekannt für ihre lebendigen Farben, komplizierten Details und ihren symbolischen Reichtum, der die tiefe spirituelle Bedeutung der biblischen Erzählungen widerspiegelt.

Die Ikonographie, die Darstellung heiliger Figuren und Szenen in der bildenden Kunst, ist ein zentraler Aspekt der äthiopischen religiösen Kunst. Ikonen von Christus, der Jungfrau Maria, Heiligen und Engeln sind in äthiopischen Kirchen, Häusern und persönlichen Andachtsräumen allgegenwärtig. Diese Ikonen sind nicht nur dekorativ, sondern gelten als Fenster zum Göttlichen und bieten eine greifbare Verbindung zum spirituellen Bereich. Die künstlerischen Konventionen der äthiopischen Ikonographie, einschließlich der Verwendung frontaler Posen, großer Augen und stilisierter Formen, sind tief in der biblischen Tradition verwurzelt und vermitteln ein Gefühl von Heiligkeit und Transzendenz.

Die Buchmalerei ist eine weitere herausragende Form äthiopischer religiöser Kunst. Die Tradition der Erstellung illuminierter Manuskripte reicht bis in die

Antike zurück und ist nach wie vor eine verehrte Kunstform. Die Evangelien, Psalter und andere biblische Texte sind oft mit aufwendigen Miniaturen, kunstvollen Rändern und kunstvollen Anfangsbuchstaben geschmückt. Diese Beleuchtungen verstärken nicht nur den ästhetischen Reiz der Manuskripte, sondern dienen auch als visuelle Hilfsmittel für Kontemplation und Meditation. Die in den Illuminationen dargestellten Themen und Bilder stammen aus biblischen Erzählungen und bieten eine visuelle Exegese, die den geschriebenen Text ergänzt.

Architektur spielt auch eine wichtige Rolle beim Ausdruck des biblischen Erbes der äthiopischen Orthodoxie. Die Gestaltung äthiopischer Kirchen mit ihren einzigartigen Strukturmerkmalen und symbolischen Elementen spiegelt die heilige Geographie der Bibel wider. Das berühmteste Beispiel sind die Felsenkirchen von Lalibela, die zum UNESCO-Weltkulturerbe gehören und als Symbol für die heilige Stadt Jerusalem gelten. Diese aus massivem Fels gehauenen Kirchen sind bemerkenswerte Meisterleistungen der Ingenieurskunst und Kunstfertigkeit und ihre Gestaltung ist von biblischer Symbolik durchdrungen. Der Grundriss der Kirchen, ihre Ausrichtung und das ikonografische Programm ihrer Innenräume spiegeln eine tiefe Auseinandersetzung mit der biblischen Tradition wider.

Musikalische Darstellungen

Die äthiopisch-orthodoxe Bibel hatte auch einen tiefgreifenden Einfluss auf die Musiktraditionen Äthiopiens. Liturgische Musik, bekannt als Zema, ist ein integraler Bestandteil des äthiopisch-orthodoxen Gottesdienstes und tief in der biblischen Tradition verwurzelt. Die Melodien, Rhythmen und Texte von Zema sind aus den Psalmen, Hymnen und anderen Bibelstellen abgeleitet und schaffen ein reichhaltiges Geflecht geistlicher Musik, das das liturgische Erlebnis bereichert.

Die Ursprünge von Zema werden dem Heiligen Yared zugeschrieben, einer verehrten Persönlichkeit in der äthiopischen Kirchengeschichte, von der angenommen wird, dass sie göttliche Inspiration für seine Musikkompositionen erhalten hat. Die Musik von Yared zeichnet sich durch komplexe Modi, komplizierte Rhythmen und tiefe spirituelle Tiefe aus. Es wird traditionell von ausgebildeten Geistlichen und Chormitgliedern aufgeführt, die eine strenge Ausbildung absolvieren, um die Kunst des Zema zu beherrschen. Die Aufführung von Zema ist nicht nur eine musikalische Aktivität, sondern eine Form der Anbetung, die die Seele erheben und die Gläubigen Gott näher bringen soll.

Die Texte von Zema stammen hauptsächlich aus Psalmen und anderen biblischen Hymnen und spiegeln die zentrale Bedeutung der Heiligen Schrift in der äthiopischen liturgischen Musik wider. Die Psalmen bilden mit ihrer reichen poetischen Sprache und emotionalen Kraft eine Grundlage für den musikalischen Ausdruck von Lob, Klage und Dank. Das Singen der Psalmen ist ein wichtiger Bestandteil der täglichen Gottesdienste und anderer liturgischer Gottesdienste und bildet einen kontinuierlichen Faden biblischen Gebets und Meditation im gesamten Gottesdienstleben der Kirche.

Neben Zema sind auch andere Formen geistlicher Musik von der Bibel beeinflusst. Die traditionellen spirituellen Lieder, die als Mezmur bekannt sind, basieren oft auf biblischen Themen und Geschichten. Diese Lieder werden bei verschiedenen religiösen Zeremonien und Festen sowie bei alltäglichen Andachtspraktiken gesungen. Die Texte von Mezmur spiegeln die Lehren und Erzählungen der Bibel wider und stärken die biblische Grundlage der äthiopischen Spiritualität.

Der Einfluss der äthiopisch-orthodoxen Bibel erstreckt sich über die Kirche hinaus und auf die breitere Musikkultur Äthiopiens. Traditionelle äthiopische Musik mit ihren charakteristischen Tonleitern, Rhythmen und Instrumenten enthält oft biblische Themen und Bezüge.

Die anhaltende Präsenz der Bibel in der äthiopischen Musik unterstreicht ihre Rolle als Inspirationsquelle und Prüfstein für die kulturelle Identität.

Kapitel 5

Bewahrung und Weitergabe der äthiopisch-orthodoxen Bibel

Die äthiopisch-orthodoxe Bibel ist ein geschätztes religiöses und kulturelles Artefakt, das über Jahrhunderte hinweg mit bemerkenswerter Hingabe und Sorgfalt bewahrt und weitergegeben wird.

Manuskripttradition und Konservierungsmethoden

Die Bewahrung der äthiopisch-orthodoxen Bibel ist tief in der Manuskripttradition verwurzelt, die eine entscheidende Rolle bei der Wahrung der Integrität und Kontinuität der biblischen Texte gespielt hat. Die Tradition der Erstellung und Aufbewahrung von Manuskripten reicht bis in die frühen Jahrhunderte des Christentums in Äthiopien zurück und spiegelt eine tiefe Ehrfurcht vor dem geschriebenen Wort und die Verpflichtung wider, die Heiligen Schriften für zukünftige Generationen zu bewahren.

Der Prozess der Erstellung eines biblischen Manuskripts in Äthiopien ist eine komplizierte und heilige Aufgabe, die von erfahrenen Schreibern durchgeführt wird, die ihre Arbeit als spirituelle Berufung betrachten. Diese Schriftgelehrten, oft Mönche oder Priester, absolvieren eine umfassende Ausbildung in Kalligraphie, Theologie und den liturgischen Traditionen der äthiopisch-orthodoxen Kirche. Ihre sorgfältige Arbeit umfasst die Auswahl von hochwertigem Pergament, die Herstellung von Tinten aus natürlichen Farbstoffen und die Anfertigung detaillierter Beleuchtungen, die den Text schmücken.

Eines der markantesten Merkmale äthiopischer Bibelhandschriften ist die Verwendung von Ge'ez, der klassischen liturgischen Sprache der äthiopisch-orthodoxen Kirche. Ge'ez dient mit seiner einzigartigen Schrift und seinem reichen sprachlichen Erbe als Hauptmedium für biblische Texte. Die Verwendung von Ge'ez wahrt nicht nur die sprachliche Kontinuität der Schriften, sondern stärkt auch die kulturelle und religiöse Identität der äthiopisch-orthodoxen Gemeinschaft.

Manuskripte werden in der Regel auf Pergament aus Tierhäuten geschrieben, das in einem arbeitsintensiven Prozess hergestellt wird, bei dem die Häute eingeweicht, abgekratzt und gedehnt werden, um eine haltbare Schreiboberfläche zu schaffen. Die in äthiopischen Manuskripten verwendeten Tinten bestehen aus natürlichen Materialien wie Ruß und Pflanzenextrakten, die mit Wasser und Gummi arabicum gemischt werden, um lebendige und dauerhafte Farben zu erzeugen. Die den Text begleitenden Illuminationen und Miniaturen sind mit großer Sorgfalt angefertigt und zeigen oft Szenen aus biblischen Erzählungen, Heiligen und religiösen Symbolen.

Die Erhaltung dieser Manuskripte umfasst mehrere Methoden, was den hohen Wert widerspiegelt, der diesen heiligen Texten beigemessen wird. Klöster und Kirchen dienen als primäre Aufbewahrungsorte für Manuskripte, wo sie in speziellen Räumen oder Truhen aufbewahrt werden, die sie vor Umweltschäden und Diebstahl schützen sollen. Diese Manuskripte werden regelmäßig vom Klerus überprüft und gepflegt, der Maßnahmen ergreift, um etwaige Schäden zu beheben und ihre fortgesetzte Lesbarkeit und Integrität sicherzustellen.

Neben der physischen Bewahrung spielt die mündliche Überlieferung eine bedeutende Rolle bei der Überlieferung der äthiopisch-orthodoxen Bibel. Das Rezitieren und Auswendiglernen biblischer Texte sind integraler Bestandteil des Religionsunterrichts und der liturgischen Praxis. Diese mündliche Überlieferung ergänzt die schriftliche Überlieferung und stellt sicher, dass die heiligen Schriften tief im kollektiven Gedächtnis der Gemeinschaft verankert sind. Die

Kombination aus schriftlichen Manuskripten und mündlicher Rezitation schafft ein robustes System zur Bewahrung, das es der äthiopisch-orthodoxen Bibel ermöglicht hat, über die Jahrhunderte hinweg Bestand zu haben.

Das Kopieren von Manuskripten ist ein weiterer entscheidender Aspekt der Konservierung. Schriftgelehrte erstellen neue Kopien der Bibel, um beschädigte oder verlorene Manuskripte zu ersetzen und die heiligen Schriften an verschiedene Gemeinschaften zu verbreiten. Dieser Kopiervorgang wird mit großer Präzision und Ehrfurcht durchgeführt, oft sind mehrere Schreiber beteiligt, die ihre Arbeit gegenprüfen, um die Genauigkeit sicherzustellen. Die Tradition des Kopierens bewahrt nicht nur den Text, sondern schafft auch eine Kontinuität des Handwerks und der theologischen Wissenschaft, die Generationen äthiopischer Christen verbindet.

Auswirkungen von Kolonialismus und Modernisierung

Die Auswirkungen von Kolonialismus und Modernisierung auf die Bewahrung und Weitergabe der äthiopisch-orthodoxen Bibel sind eine komplexe und vielschichtige Geschichte, die umfassendere historische, soziale und kulturelle Veränderungen in Äthiopien widerspiegelt.

Der Kolonialismus, insbesondere die italienische Besetzung Äthiopiens von 1936 bis 1941, stellte die Bewahrung der äthiopisch-orthodoxen Bibel vor große Herausforderungen. Die italienischen Behörden versuchten, die äthiopisch-orthodoxe Kirche zu untergraben, da sie sie als eine Säule der nationalen Identität und des Widerstands betrachteten. Viele Kirchen und Klöster wurden geplündert und zahlreiche Manuskripte zerstört, gestohlen oder vertrieben. Die Besetzung zerstörte die traditionellen Aufbewahrungsstrukturen, die die Manuskripte jahrhundertelang geschützt hatten, und führte zu erheblichen Verlusten und der Verbreitung biblischer Texte.

Trotz dieser Herausforderungen blieben die äthiopisch-orthodoxe Kirche und ihre Gläubigen widerstandsfähig. Es wurden Anstrengungen unternommen, Manuskripte vor den Besatzungsmächten zu verbergen und zu schützen, und viele Texte konnten dank des Einfallsreichtums und der Tapferkeit von Mönchen, Priestern und Laien erfolgreich konserviert werden. In der Zeit nach der Besetzung wurden konzertierte Anstrengungen unternommen, verlorene und beschädigte Manuskripte wiederherzustellen und wiederherzustellen, was ein tiefes Engagement für die Bewahrung des religiösen und kulturellen Erbes widerspiegelte, das in der äthiopisch-orthodoxen Bibel verkörpert ist.

Die Modernisierung Äthiopiens, insbesondere im 20. und 21. Jahrhundert, brachte sowohl Chancen als auch Herausforderungen für die Bewahrung und Weitergabe der äthiopisch-orthodoxen Bibel mit sich. Fortschritte in Technologie und Kommunikation ermöglichten neue Methoden der Bewahrung und Verbreitung. Die Einführung der Drucktechnologie ermöglichte beispielsweise die Massenproduktion biblischer Texte und machte sie einem breiteren Publikum zugänglicher. Gedruckte Ausgaben der Bibel ergänzten die traditionelle Manuskripttradition und stellten ein praktisches Mittel zur Verbreitung dar, während sie gleichzeitig den heiligen Charakter der Heiligen Schriften bewahrten.

Auch moderne Archivierungs- und Konservierungstechniken wurden zum Schutz und zur Restaurierung antiker Manuskripte eingesetzt. Insbesondere die digitale Technologie hat die Bewahrung der äthiopisch-orthodoxen Bibel revolutioniert. Die hochauflösende digitale Bildgebung ermöglicht die Erstellung detaillierter Repliken von Manuskripten, die gespeichert und abgerufen werden können, ohne dass die Gefahr einer Beschädigung der Originaltexte besteht. Digitale Archive stellen eine wertvolle Ressource für Wissenschaftler, Geistliche und Gläubige dar und erleichtern das Studium und die Wertschätzung der äthiopischen Bibeltradition.

Allerdings brachte die Modernisierung auch Herausforderungen mit sich. Die zunehmende Urbanisierung und Säkularisierung der äthiopischen Gesellschaft hat zu Veränderungen in den kulturellen und religiösen Praktiken geführt und sich auf die traditionelle Hüterrolle von Klöstern und Kirchen ausgewirkt. Die Abwanderung der Bevölkerung von ländlichen in städtische Gebiete hat manchmal dazu geführt, dass alte Manuskripte vernachlässigt oder aufgegeben wurden. Darüber hinaus hat der Einfluss globaler Kulturen und religiöser Bewegungen zu einer neuen Dynamik in der Interpretation und Verwendung der Bibel geführt, die möglicherweise traditionelle Praktiken und Überzeugungen in Frage stellt.

Die Äthiopisch-Orthodoxe Kirche hat auf diese Herausforderungen mit verschiedenen Initiativen reagiert, die darauf abzielen, ihr biblisches Erbe zu bewahren. Es wurden Bildungsprogramme eingerichtet, um neue Generationen von Schreibern, Gelehrten und Restauratoren auszubilden und so die Fortführung der Manuskripttradition sicherzustellen. Die Bemühungen,

Manuskripte zu katalogisieren und zu digitalisieren, dauern an und werden von nationalen und internationalen Organisationen unterstützt, die sich der Erhaltung der Kultur widmen. Diese Initiativen spiegeln einen proaktiven Ansatz zum Schutz der äthiopisch-orthodoxen Bibel angesichts der sich verändernden Zeiten wider.

Eine bedeutende moderne Entwicklung ist die Zusammenarbeit zwischen der Äthiopisch-Orthodoxen Kirche und internationalen akademischen und kulturellen Institutionen. Diese Partnerschaften haben das Studium, die Erhaltung und die Verbreitung äthiopischer Bibelmanuskripte auf globaler Ebene erleichtert. Konferenzen, Ausstellungen und Forschungsprojekte haben das Bewusstsein für die reiche Manuskripttradition Äthiopiens geschärft und ihre Bedeutung im breiteren Kontext der christlichen Geschichte und Manuskriptforschung hervorgehoben.

In den letzten Jahren ist auch das Interesse an traditionellen Handwerken und Praktiken im Zusammenhang mit der Manuskriptherstellung wieder gestiegen. Kunsthandwerker und Handwerker werden in den alten Techniken der Pergamentherstellung, der Tintenvorbereitung und der Buchmalerei geschult. Diese Wiederbelebung bewahrt nicht nur die für die Manuskriptproduktion erforderlichen technischen

Fähigkeiten, sondern verbindet auch die heutige äthiopische Gesellschaft wieder mit ihrem reichen kulturellen Erbe.

Kapitel 6

Einfluss über Äthiopien hinaus

Die äthiopisch-orthodoxe Bibel mit ihrem einzigartigen Kanon von 88 Büchern und ihrer reichen Manuskripttradition hat einen bedeutenden Einfluss über die Grenzen Äthiopiens hinaus ausgeübt.

Verbreitung des äthiopischen Christentums und seiner Schriften

Die Verbreitung des äthiopischen Christentums ist ein Beweis für die dynamische und expansive Natur der äthiopisch-orthodoxen Kirche, die nicht nur in Äthiopien, sondern auf der ganzen Welt präsent ist. Die Verbreitung des äthiopischen Christentums und seiner Schriften lässt sich auf mehrere wichtige historische Entwicklungen, Missionsaktivitäten und Diasporabewegungen zurückführen.

Historisch gesehen expandierte das äthiopische Christentum über sein traditionelles Kernland hinaus durch die Bemühungen von Missionaren und Händlern, die entlang der alten Handelsrouten reisten, die Äthiopien mit dem Nahen Osten, Nordafrika und dem Indischen Ozean verbanden. Die Kirche des Ostens und die Koptische Kirche Ägyptens spielten eine wichtige Rolle bei der Förderung frühchristlicher Beziehungen und des Austauschs, was die Verbreitung äthiopischer christlicher Praktiken und Texte erleichterte.

Eine bemerkenswerte Expansionsphase fand im Mittelalter statt, als die salomonische Dynastie diplomatische und religiöse Beziehungen zu christlichen Königreichen in Europa und im Nahen Osten knüpfen wollte. Die Reisen äthiopischer Mönche und Geistlicher, wie etwa die berühmte Pilgerreise von Abba Zera Yacob nach Jerusalem im 15. Jahrhundert, trugen dazu bei, die christlichen Traditionen und Schriften Äthiopiens einem breiteren Publikum bekannt zu machen. Diese Interaktionen führten zu einem größeren Bewusstsein und einer größeren Wertschätzung der äthiopisch-orthodoxen Bibel in anderen christlichen Gemeinschaften.

In der Neuzeit erwachte der Einfluss des äthiopischen Christentums durch die äthiopische Diaspora wieder, die weltweit lebendige Gemeinschaften gegründet hat. Die durch wirtschaftliche Chancen, politische Instabilität und religiöse Verfolgung bedingte Migration hat zur

Gründung äthiopisch-orthodoxer Gemeinden in Nordamerika, Europa, im Nahen Osten und darüber hinaus geführt. Diese Diasporagemeinschaften haben ihre religiösen Traditionen mitgebracht, einschließlich der Verwendung der äthiopisch-orthodoxen Bibel in liturgischen und Andachtspraktiken.

Äthiopisch-orthodoxe Kirchen in der Diaspora dienen als kulturelle und spirituelle Zentren, indem sie die einzigartigen Aspekte des äthiopischen Christentums bewahren und das Gemeinschaftsgefühl unter äthiopischen Einwanderern fördern. Die in Ge'ez verfassten Schriften, denen häufig Übersetzungen in die Landessprachen beiliegen, sind nach wie vor von zentraler Bedeutung für den Glauben und die Praxis dieser Gemeinschaften. Durch die Diaspora hat die äthiopisch-orthodoxe Bibel ein globales Publikum erreicht und trägt zum reichen Geflecht christlicher Traditionen weltweit bei.

Darüber hinaus ist der Einfluss des äthiopischen Christentums und seiner Schriften im akademischen und ökumenischen Bereich erkennbar. Wissenschaftler der Bibelwissenschaft und Religionsgeschichte haben zunehmend die Bedeutung der äthiopisch-orthodoxen Bibel für das Verständnis der Vielfalt christlicher Kanones und Traditionen erkannt. Die unterschiedlichen Text- und Interpretationstraditionen der äthiopischen

Kirche bieten wertvolle Einblicke in das frühe Christentum und die Entwicklung der biblischen Literatur.

Ökumenische Dialoge und Kooperationen haben auch die Beiträge der Äthiopisch-Orthodoxen Kirche zur breiteren christlichen Gemeinschaft hervorgehoben. Die Einbeziehung äthiopischer christlicher Vertreter in internationale theologische Diskussionen und Kirchenräte hat zu einem größeren gegenseitigen Verständnis und Respekt zwischen verschiedenen christlichen Konfessionen geführt. Der einzigartige Kanon und die Interpretationstraditionen der äthiopisch-orthodoxen Bibel bereichern diese Dialoge und bieten alternative Perspektiven auf die Bibelauslegung und theologische Reflexion.

Vergleichende Analyse mit anderen biblischen Kanonen

Der Kanon der äthiopisch-orthodoxen Bibel besteht aus 88 Büchern und unterscheidet sie von anderen christlichen Bibelkanonen wie dem protestantischen, dem katholischen und dem ostorthodoxen Kanon. Eine vergleichende Analyse offenbart sowohl Ähnlichkeiten als auch Unterschiede, die den besonderen Charakter der äthiopisch-orthodoxen Bibel und ihre umfassendere Bedeutung in der christlichen Tradition unterstreichen.

Die protestantische Bibel ist mit ihren 66 Büchern der übersichtlichste Kanon, bestehend aus der Hebräischen Bibel (Altes Testament) und dem Neuen Testament. Protestantische Reformatoren im 16. Jahrhundert, wie Martin Luther, betonten sola scriptura (allein die Schrift) als Grundlage für Glauben und Praxis, was dazu führte, dass die apokryphen oder deuterokanonischen Bücher aus dem Kanon ausgeschlossen wurden. Im Gegensatz dazu enthält die äthiopisch-orthodoxe Bibel mehrere Bücher, die von Protestanten als Apokryphen klassifiziert wurden, wie Tobit, Judith und die Weisheit Salomos, was einen breiteren und umfassenderen Kanon widerspiegelt.

Die katholische Bibel, die die deuterokanonischen Bücher umfasst, hat einen Kanon von 73 Büchern. Diese zusätzlichen Bücher, die von der katholischen Kirche auf dem Konzil von Trient im 16. Jahrhundert angenommen wurden, sind ebenfalls Teil des äthiopisch-orthodoxen Kanons. Die äthiopisch-orthodoxe Bibel geht jedoch über den katholischen Kanon hinaus und umfasst Bücher wie Henoch, Jubiläen und den Hirten von Hermas, die nicht im katholischen Kanon zu finden sind. Diese umfassendere Einbeziehung spiegelt die besondere historische und theologische Entwicklung der äthiopischen Kirche wider.

Die östliche orthodoxe Bibel hat einen ähnlichen Kanon wie die katholische Bibel, weist jedoch einige Abweichungen in der Einbeziehung und Anordnung bestimmter Bücher auf. Beispielsweise umfasst die Ostorthodoxe Kirche die drei Makkabäer und den Psalm 151, die im katholischen Kanon nicht zu finden sind. Die äthiopisch-orthodoxe Bibel enthält einige dieser Texte, enthält aber auch einzigartige Werke wie das Buch Henoch und das Buch der Jubiläen, die nicht zum ostorthodoxen Kanon gehören. Diese Unterschiede verdeutlichen die Vielfalt der frühchristlichen Literatur und die verschiedenen Kriterien, die von verschiedenen Traditionen zur Bestimmung der Kanonizität herangezogen wurden.

Eines der markantesten Merkmale der äthiopisch-orthodoxen Bibel ist die Einbeziehung des Buches Henoch und des Buches der Jubiläen. Das dem Patriarchen Henoch zugeschriebene Buch Henoch bietet einen reichhaltigen und einfallsreichen Bericht über Angelologie, Kosmologie und Eschatologie. Es wurde in frühen christlichen Gemeinden weithin gelesen, später jedoch aus den meisten christlichen Kanons ausgeschlossen. Dass die äthiopisch-orthodoxe Kirche Henoch beibehält, spiegelt ihr einzigartiges Erbe und ihre theologische Offenheit gegenüber Texten wider, die andere Traditionen als apokryph betrachteten.

Das Buch der Jubiläen, manchmal auch als „Kleine Genesis" bezeichnet, bietet eine Nacherzählung der Genesis-Erzählung mit zusätzlichen Details und einem Schwerpunkt auf der Einhaltung von Jubiläen und Sabbatzyklen. Seine Aufnahme in die äthiopisch-orthodoxe Bibel unterstreicht die Verbindung der Kirche zu alten jüdischen Traditionen und ihren besonderen Ansatz zur Bibelauslegung. Das Vorhandensein dieser Texte bietet wertvolle Perspektiven auf die Entwicklung der biblischen Literatur und die Vielfalt des frühen jüdischen und christlichen Denkens.

Neben den Unterschieden in den kanonischen Büchern zeichnet sich die äthiopisch-orthodoxe Bibel durch ihre Interpretationstraditionen und die Rolle der Ge'ez-Sprache aus. Die Verwendung von Ge'ez als liturgische Sprache bietet eine einzigartige Linse, durch die die heiligen Schriften verstanden und erlebt werden. Ge'ez prägt mit seinem reichen theologischen Vokabular und seiner historischen Bedeutung den Interpretationsrahmen der äthiopisch-orthodoxen Kirche und unterscheidet sie von anderen christlichen Traditionen, die hauptsächlich Griechisch, Latein oder moderne Sprachen verwenden.

Die Interpretationstraditionen der äthiopisch-orthodoxen Kirche, einschließlich der umfassenden Verwendung von Allegorien, Typologien und Symbolik, spiegeln eine tiefe Auseinandersetzung mit den biblischen Texten wider. Die äthiopische Bibelexegese betont oft die spirituellen und mystischen Dimensionen der Heiligen Schriften, stellt Verbindungen zwischen dem Alten und Neuen Testament her und betont die Einheit der biblischen Erzählung. Dieser Ansatz steht im Einklang mit der breiteren christlichen Tradition und bietet gleichzeitig einzigartige Einblicke und Perspektiven.

Darüber hinaus unterscheidet sich die äthiopisch-orthodoxe Bibel durch ihren liturgischen Gebrauch von anderen Kanons. Die äthiopische Liturgie ist zutiefst biblisch geprägt, mit umfangreichen Lesungen aus dem Alten und Neuen Testament, die in die Gottesdienste integriert sind. Das Singen der Psalmen, das Lesen der Evangelien und das Rezitieren biblischer Gebete und Hymnen schaffen eine liturgische Umgebung, die von der Heiligen Schrift durchdrungen ist. Dieses liturgische Eintauchen fördert eine tiefe Vertrautheit der Gläubigen mit den biblischen Texten und stärkt die zentrale Bedeutung der Bibel in der äthiopisch-orthodoxen Spiritualität.

Die äthiopisch-orthodoxe Bibel spielt auch eine bedeutende Rolle bei der theologischen und doktrinären Bildung der Kirche. Die Lehren und Praktiken der Kirche basieren auf den heiligen Schriften, wobei ein besonderer Schwerpunkt auf den christologischen und ekklesiologischen Themen liegt, die die biblische Erzählung durchdringen. Die Interpretation der Bibel orientiert sich am patristischen Erbe der Kirche, wobei die Schriften früher äthiopischer Heiliger und Theologen maßgebliche Einblicke in die Bedeutung und Anwendung der Heiligen Schriften liefern.

Kapitel 7

Herausforderungen und Kontroversen

Die äthiopisch-orthodoxe Bibel mit ihrem einzigartigen Kanon von 88 Büchern und ihrer reichen historischen Tradition war im Laufe der Jahrhunderte zahlreichen Herausforderungen und Kontroversen ausgesetzt. Diese reichen von historischen Auseinandersetzungen über die Kanonizität seiner Texte bis hin zu modernen Interpretationsherausforderungen und Debatten.

Historische Streitigkeiten über die Kanonizität

Die Bildung des Kanons der äthiopisch-orthodoxen Bibel war von verschiedenen historischen Auseinandersetzungen und Kontroversen geprägt. Im Gegensatz zu den schlankeren Kanons protestantischer, katholischer und ostorthodoxer Bibeln umfasst der äthiopisch-orthodoxe Kanon eine breite Palette von Texten, von denen einige in keiner anderen christlichen Tradition zu finden sind. Diese Vielfalt hat zahlreiche Debatten sowohl innerhalb Äthiopiens als auch in der breiteren christlichen Welt ausgelöst.

Einer der frühesten und bedeutendsten Streitigkeiten dreht sich um die Einbeziehung von Büchern wie Enoch, Jubilee und The Shepherd of Hermas. Diese Texte waren zwar in frühen christlichen und jüdischen Gemeinden beliebt, wurden jedoch zur Zeit der Konzile von Hippo (393 n. Chr.) und Karthago (397 n. Chr.), die eine Schlüsselrolle bei der Entstehung des Neuen Testaments spielten, aus dem Kanon der meisten anderen christlichen Traditionen ausgeschlossen Kanon in der westlichen Kirche. Die äthiopisch-orthodoxe Kirche behielt diese Texte jedoch bei und spiegelte damit ihre unterschiedlichen theologischen und liturgischen Prioritäten wider.

Insbesondere das Buch Henoch stand im Mittelpunkt der Kontroversen. Seine apokalyptischen Visionen, detaillierten Beschreibungen der Angelologie und seine ausführliche Kosmologie hatten Einfluss auf das frühjüdische und christliche Denken. Sein komplexer und oft esoterischer Inhalt führte jedoch dazu, dass es aus dem Kanon anderer christlicher Traditionen ausgeschlossen wurde. Die Entscheidung der Äthiopisch-Orthodoxen Kirche, das Buch Henoch beizubehalten, unterstreicht ihr Engagement für die Bewahrung alter Traditionen und Texte, die sie für spirituell und theologisch bedeutsam hält.

Ein weiterer historischer Streitpunkt betrifft den Prozess, durch den der äthiopisch-orthodoxe Kanon etabliert wurde. Im Gegensatz zu den eher zentralisierten Prozessen der Kanonbildung in den westlichen und östlichen Kirchen entwickelte sich der Kanon der Äthiopisch-Orthodoxen Kirche über Jahrhunderte durch eine Kombination aus kirchlichen Entscheidungen, liturgischem Gebrauch und volkstümlicher Frömmigkeit. Dieser organische und etwas dezentralisierte Prozess hat zu Variationen im Kanon zwischen verschiedenen äthiopisch-orthodoxen Gemeinschaften geführt, was die Frage der Kanonizität weiter verkompliziert.

Die Einbeziehung des Buches der Jubiläen, manchmal auch „Kleine Genesis" genannt, verdeutlicht auch die einzigartigen Merkmale des äthiopisch-orthodoxen Kanons. Jubilee bietet eine Nacherzählung der Genesis-Erzählung mit zusätzlichen Details und einem besonderen Fokus auf die Einhaltung von Jubiläen und Sabbatical-Zyklen. Der Schwerpunkt auf liturgischen und rechtlichen Aspekten steht im Einklang mit dem Fokus der äthiopischen Kirche auf Rituale und Traditionen. Der Ausschluss aus anderen Kanons verdeutlicht jedoch die unterschiedlichen Wege, die verschiedene christliche Traditionen in ihrem Verständnis der Heiligen Schrift einschlagen.

Der Hirte von Hermas, ein weiterer Text, der nur im äthiopisch-orthodoxen Kanon vorkommt, bietet einen Einblick in frühchristliche moralische und theologische Belange. In den frühen christlichen Jahrhunderten weit verbreitet, geriet es schließlich in anderen Traditionen in Ungnade, da es angeblich an apostolischer Autorschaft mangelte und der Schwerpunkt eher auf Visionen und Allegorien als auf Lehren lag. Die Beibehaltung des Hirten von Hermas durch die äthiopische Kirche spiegelt ihren breiteren und umfassenderen Ansatz zur Heiligen Schrift wider, indem sie Texte wertschätzt, die spirituelle Erbauung und moralische Führung bieten.

Die Beibehaltung dieser und anderer einzigartiger Texte durch die Äthiopisch-Orthodoxe Kirche war oft ein Streitpunkt in interchristlichen Dialogen. Einige Gelehrte und Theologen aus anderen Traditionen haben die Legitimität dieser Bücher in Frage gestellt und argumentiert, dass ihr Ausschluss aus dem breiteren christlichen Kanon auf einen Mangel an apostolischer Autorität oder doktrinärer Richtigkeit hindeutet. Als Reaktion darauf haben äthiopisch-orthodoxe Gelehrte und Geistliche den spirituellen und theologischen Wert ihres Kanons verteidigt und seine historische Kontinuität und seine Rolle bei der Gestaltung des Glaubens und der Praxis der äthiopischen christlichen Gemeinschaft betont.

Moderne interpretative Herausforderungen und Debatten

Neben historischen Streitigkeiten über die Kanonizität steht die äthiopisch-orthodoxe Bibel vor einer Reihe moderner Interpretationsherausforderungen und Debatten. Diese Probleme ergeben sich aus der Überschneidung traditioneller Interpretationen mit zeitgenössischen theologischen, sozialen und kulturellen Kontexten. Während sich die äthiopisch-orthodoxe Kirche mit der modernen Welt auseinandersetzt, muss sie diese Komplexität bewältigen und gleichzeitig ihren alten Traditionen treu bleiben.

Eine der größten modernen Herausforderungen ist die Übersetzung und Interpretation der äthiopisch-orthodoxen Bibel. Die in Ge'ez verfassten Originaltexte sind reich an theologischen Nuancen und kultureller Bedeutung. Diese Texte in moderne Sprachen zu übersetzen und dabei ihre Tiefe und Bedeutung zu bewahren, ist eine komplexe Aufgabe. Unterschiedliche Übersetzungen können zu unterschiedlichen Interpretationen führen und möglicherweise zu Verwirrung und Debatten unter Gelehrten und Gläubigen führen. Es werden weiterhin Anstrengungen unternommen, verbindliche Übersetzungen zu erstellen, die dem ursprünglichen Ge'ez treu bleiben und gleichzeitig für zeitgenössische Leser zugänglich sind, aber der Prozess ist mit Schwierigkeiten behaftet.

Der Aufstieg der Bibelwissenschaft und der kritischen Studien hat auch interpretatorische Herausforderungen mit sich gebracht. Die moderne Bibelkritik bietet mit ihrem Schwerpunkt auf historischem Kontext, Textanalyse und literarischen Formen wertvolle Werkzeuge zum Verständnis der heiligen Schriften, kann aber auch mit traditionellen Interpretationen in Konflikt geraten. Äthiopisch-orthodoxe Gelehrte müssen diese akademischen Ansätze mit den theologischen und spirituellen Perspektiven der Kirche in Einklang bringen. Diese Spannung wird besonders deutlich in Diskussionen über die historischen und urheberrechtlichen Fragen bestimmter Texte wie Henoch und Jubiläen, die in der modernen Wissenschaft oft mit Skepsis betrachtet werden.

Der Einfluss des globalen Christentums und der ökumenischen Bewegungen stellt weitere Herausforderungen dar. Während die äthiopisch-orthodoxe Kirche mit anderen christlichen Traditionen interagiert, stößt sie auf unterschiedliche theologische Rahmenbedingungen und Schriftinterpretationen. Diese Interaktionen können zu fruchtbarem Austausch und gegenseitiger Bereicherung, aber auch zu Kontroversen und

Meinungsverschiedenheiten führen. Beispielsweise können ökumenische Dialoge Fragen zum Status bestimmter Bücher im Kanon, zur Interpretation bestimmter Passagen oder zur Rolle von Tradition und Heiliger Schrift im theologischen Diskurs aufwerfen.

Soziale und kulturelle Veränderungen innerhalb Äthiopiens und der äthiopischen Diaspora wirken sich auch auf die Interpretation der Bibel aus. Themen wie Geschlechtergleichheit, Menschenrechte und soziale Gerechtigkeit gewinnen in zeitgenössischen theologischen Diskussionen zunehmend an Bedeutung. Die Auslegung der heiligen Schriften im Lichte dieser Anliegen erfordert eine sorgfältige Berücksichtigung sowohl traditioneller Lehren als auch moderner Werte. Debatten über die Rolle der Frau in der Kirche verdeutlichen beispielsweise die Notwendigkeit, alte biblische Texte mit zeitgenössischen Vorstellungen von Geschlecht und Gleichstellung in Einklang zu bringen.

Der technologische Fortschritt und das digitale Zeitalter haben die Interpretationslandschaft noch komplizierter gemacht. Die Verbreitung digitaler Texte, Online-Kommentare und Social-Media-Diskussionen bietet einen beispiellosen Zugang zu Bibelwissenschaft und -interpretationen, schafft aber auch ein fragmentiertes und manchmal verwirrendes Umfeld. Die Verfügbarkeit mehrerer Übersetzungen und

Interpretationen kann zu unterschiedlichen Verständnissen wichtiger Passagen und Lehren führen. Die äthiopisch-orthodoxe Kirche muss sich in dieser digitalen Landschaft zurechtfinden, maßgebliche Orientierung bieten und sich gleichzeitig mit neuen Formen der Kommunikation und Wissensverbreitung befassen.

Eine weitere wichtige moderne Debatte betrifft die Rolle der äthiopisch-orthodoxen Bibel in interreligiösen Kontexten. Äthiopien ist die Heimat verschiedener religiöser Traditionen, darunter des Islam, des Judentums und verschiedener christlicher Konfessionen. Interreligiöser Dialog und Zusammenarbeit sind für soziale Harmonie und gegenseitiges Verständnis von wesentlicher Bedeutung. Allerdings können Unterschiede in der Auslegung der Heiligen Schrift und den theologischen Überzeugungen zu Spannungen und Kontroversen führen. Die äthiopisch-orthodoxe Kirche muss Wege finden, respektvoll mit anderen Glaubensgemeinschaften umzugehen und gleichzeitig die Integrität ihrer eigenen Schriften und Traditionen zu wahren.

Die über den ganzen Globus verteilte äthiopische Diaspora steht vor einzigartigen Interpretationsherausforderungen, da sie versucht, ihre religiöse und kulturelle Identität in vielfältigen und oft säkularen Kontexten zu bewahren. Diasporagemeinschaften müssen ihre Praktiken und Interpretationen an neue Umgebungen anpassen und gleichzeitig die Kernelemente ihres Glaubens bewahren. Dieser Anpassungsprozess kann zu Debatten über die Interpretation bestimmter Texte und das angemessene Gleichgewicht zwischen Tradition und Moderne führen.

Als Reaktion auf diese modernen Herausforderungen und Debatten hat die Äthiopisch-Orthodoxe Kirche mehrere Initiativen ergriffen, um eine fundierte und getreue Auslegung der Heiligen Schrift zu unterstützen. Bildungsprogramme, darunter theologische Seminare und Bibelstudiengruppen, sollen das Verständnis der Bibel bei Geistlichen und Laien vertiefen. Diese Programme betonen den historischen und theologischen Kontext der Heiligen Schriften und fördern einen ausgewogenen Ansatz, der die Tradition respektiert und sich gleichzeitig mit zeitgenössischen Themen befasst.

Die Kirche fördert auch wissenschaftliche Forschung und Dialog und lädt äthiopische und internationale Wissenschaftler zu Beiträgen ein. Konferenzen und Veröffentlichungen bieten Plattformen für die Diskussion interpretativer Herausforderungen und den Austausch von Erkenntnissen aus unterschiedlichen Perspektiven. Durch die Förderung einer kollaborativen und offenen Herangehensweise an die Bibelwissenschaft möchte die

Äthiopisch-Orthodoxe Kirche ihr Verständnis der Heiligen Schrift bereichern und auf moderne Anliegen eingehen.

Kapitel 8

Die Zukunft der äthiopisch-orthodoxen Bibel

Während die äthiopisch-orthodoxe Kirche die Herausforderungen und Chancen der modernen Welt bewältigt, wird die Zukunft der äthiopisch-orthodoxen Bibel durch Bemühungen zur Digitalisierung und Verbesserung der Zugänglichkeit sowie durch fortlaufende Anpassungen geprägt, um ihre anhaltende Relevanz sicherzustellen.

Bemühungen um Digitalisierung und Barrierefreiheit

In den letzten Jahren gab es konzertierte Anstrengungen, die äthiopisch-orthodoxe Bibel zu digitalisieren und sie einem breiteren Publikum zugänglicher zu machen. Digitalisierungsinitiativen nutzen moderne Technologie, um alte Manuskripte zu bewahren, die Reichweite der heiligen Schriften zu erweitern und wissenschaftliche Forschung und Studium zu erleichtern. Diese Bemühungen stellen einen bedeutenden Schritt vorwärts dar, um das reiche Erbe der äthiopisch-orthodoxen

Kirche zu bewahren und gleichzeitig die Möglichkeiten des digitalen Zeitalters zu nutzen.

Eines der Hauptziele der Digitalisierung besteht darin, die fragilen Manuskripte zu bewahren, die die Texttradition der äthiopisch-orthodoxen Bibel ausmachen. Hochauflösende Bildgebungstechniken ermöglichen die Erstellung detaillierter digitaler Repliken dieser Manuskripte, die ihre komplizierte Kalligraphie, Beleuchtung und ihren historischen Kontext erfassen. Digitale Archive bieten einen sicheren und zugänglichen Aufbewahrungsort für diese Bilder und schützen sie vor Beschädigung, Verlust und Diebstahl. Dadurch wird sichergestellt, dass zukünftige Generationen Zugang zu diesen unschätzbaren Artefakten haben, auch wenn physische Kopien mit der Zeit verfallen.

Die Digitalisierung verbessert auch die Zugänglichkeit der äthiopisch-orthodoxen Bibel für Wissenschaftler, Geistliche und die breite Öffentlichkeit. Digitale Bibliotheken und Online-Repositorien bieten bequemen Zugriff auf eine Fülle biblischer Texte, Kommentare und wissenschaftlicher Ressourcen. Forscher können Manuskripte von überall auf der Welt virtuell studieren, ohne dass sie physischen Zugang zu seltenen oder zerbrechlichen Materialien benötigen. Diese Demokratisierung des Wissens fördert die interdisziplinäre Zusammenarbeit und eröffnet neue Wege zur Erforschung des reichen Text- und Kulturerbes der äthiopisch-orthodoxen Kirche.

Das Aufkommen der digitalen Technologie hat auch die Verbreitung der äthiopisch-orthodoxen Bibel revolutioniert. Online-Plattformen, mobile Anwendungen und Social-Media-Kanäle bieten neue Möglichkeiten, die heiligen Schriften einem globalen Publikum zugänglich zu machen. Digitale Ausgaben der Bibel, die in mehreren Sprachen und Formaten verfügbar sind, können jederzeit und überall heruntergeladen und abgerufen werden und erreichen so Personen, die möglicherweise keinen Zugang zu herkömmlichen gedruckten Texten hatten. Diese erweiterte Reichweite trägt zur Erhaltung und Förderung der äthiopisch-orthodoxen Tradition auf globaler Ebene bei.

Darüber hinaus erleichtert die Digitalisierung die Entwicklung innovativer Lehrmittel und Ressourcen für das Studium der äthiopisch-orthodoxen Bibel. Interaktive Multimedia-Präsentationen, virtuelle Touren durch historische Stätten und Online-Kurse bieten spannende Möglichkeiten, die heiligen Schriften und ihren kulturellen Kontext zu erkunden. Diese digitalen Ressourcen sind auf unterschiedliche Lernstile und Vorlieben zugeschnitten und machen das Bibelstudium für Menschen jeden Alters und jeder Herkunft zugänglicher und ansprechender. Durch die Nutzung der Macht der Technologie ist die Äthiopisch-Orthodoxe Kirche in der Lage, ihre Mission zu erfüllen, das Evangelium zu verbreiten und spirituelles Wachstum im digitalen Zeitalter zu fördern.

Anhaltende Relevanz und Anpassung

Trotz der Herausforderungen durch Modernisierung und Globalisierung bleibt die äthiopisch-orthodoxe Bibel ein zentraler und lebendiger Aspekt der religiösen und kulturellen Identität Äthiopiens. Seine anhaltende Relevanz zeigt sich in den laufenden Bemühungen, seine Lehren an zeitgenössische Kontexte anzupassen und neu zu interpretieren. Während Äthiopien soziale, politische und wirtschaftliche Veränderungen durchmacht, versucht die Äthiopisch-Orthodoxe Kirche, auf die sich verändernden Bedürfnisse und Wünsche ihrer Gläubigen einzugehen und gleichzeitig ihren alten Traditionen treu zu bleiben.

Ein Bereich der Anpassung ist die Übersetzung der äthiopisch-orthodoxen Bibel in moderne Sprachen. Während Ge'ez die liturgische Sprache der Kirche bleibt, ermöglicht die Übersetzung biblischer Texte in Sprachen wie Amharisch, Englisch und Tigrinya eine breitere Zugänglichkeit und ein besseres Verständnis unter den Laien. Übersetzte Ausgaben der Bibel tragen der sprachlichen Vielfalt Äthiopiens und seiner Diaspora Rechnung und ermöglichen es mehr Menschen, sich mit den heiligen Schriften in ihrer Muttersprache auseinanderzusetzen. Diese Übersetzungen erleichtern auch den interreligiösen Dialog und die Öffentlichkeitsarbeit und fördern so ein besseres gegenseitiges Verständnis und eine bessere Zusammenarbeit zwischen verschiedenen Religionsgemeinschaften.

Zusätzlich zur sprachlichen Anpassung erforscht die Äthiopisch-Orthodoxe Kirche neue Ansätze zur Bibelauslegung und -anwendung als Reaktion auf aktuelle Herausforderungen. Themen wie Umweltschutz, soziale Gerechtigkeit und Menschenrechte gewinnen im theologischen Diskurs zunehmend an Bedeutung und regen zum Nachdenken über die Relevanz biblischer Lehren für moderne ethische Anliegen an. Die äthiopisch-orthodoxe Bibel bietet reichhaltige Ressourcen zur Lösung dieser Probleme, wobei der Schwerpunkt auf Mitgefühl, Verantwortung und gemeinschaftlicher Solidarität liegt. Indem sie sich auf die ethischen und moralischen Grundsätze der Heiligen Schrift stützt, möchte die Kirche Orientierung und Inspiration für die Bewältigung dringender sozialer Probleme in der äthiopischen Gesellschaft und darüber hinaus bieten.

Ein weiterer Bereich der Anpassung ist die innovative Auseinandersetzung mit Jugendlichen und jungen Erwachsenen. Während jüngere Generationen in einer zunehmend vernetzten und säkularisierten Welt aufwachsen, muss die äthiopisch-orthodoxe Kirche kreative Wege finden, um ihr religiöses und kulturelles Erbe an die nächste Generation weiterzugeben. Digitale Medien, darunter Podcasts, Videos und Social-Media-Plattformen, bieten die Möglichkeit, ein jüngeres Publikum dort zu erreichen, wo es ist, und es in sinnvolle Gespräche über Glauben und Spiritualität einzubeziehen. Durch die Einführung neuer Kommunikations- und Ausdrucksformen kann die Kirche bei jungen Äthiopiern ein Gefühl der Zugehörigkeit und Kontinuität fördern und gleichzeitig eine tiefe Wertschätzung für die äthiopisch-orthodoxe Bibel und ihre Lehren wecken.

Darüber hinaus erforscht die Äthiopisch-Orthodoxe Kirche Möglichkeiten, die äthiopisch-orthodoxe Bibel in umfassendere Lehrpläne und kulturelle Initiativen zu integrieren. Kooperationen mit akademischen Institutionen, Museen und Kulturorganisationen bieten Plattformen, um den Reichtum und die Vielfalt der religiösen und künstlerischen Traditionen Äthiopiens zu präsentieren. Ausstellungen, Vorträge und Workshops bieten Möglichkeiten für Dialog und Austausch und fördern ein tieferes Verständnis und eine Wertschätzung der Bedeutung der äthiopisch-orthodoxen Bibel im breiteren Kontext der äthiopischen Kultur und Geschichte. Durch die Förderung interdisziplinärer Zusammenarbeit und Partnerschaften kann die Kirche die Wirkung ihres biblischen Erbes verstärken und ein ganzheitlicheres Verständnis der äthiopischen Identität und Spiritualität fördern.

Abschluss

Die äthiopisch-orthodoxe Bibel ist ein Beweis für den dauerhaften Glauben und das reiche kulturelle Erbe der äthiopisch-orthodoxen Kirche. Im Laufe der Jahrhunderte hat es Herausforderungen, Kontroversen und Anpassungen überstanden und bleibt dennoch eine Quelle spiritueller Führung, kultureller Identität und theologischer Inspiration für Millionen von Gläubigen. Durch ihren einzigartigen Kanon von 88 Büchern, darunter apokryphe Texte und antike Manuskripte, bewahrt die äthiopisch-orthodoxe Bibel ein reichhaltiges Geflecht aus biblischer Literatur, theologischer Reflexion und historischer Tradition.

Die Bedeutung der äthiopisch-orthodoxen Bibel reicht über Äthiopien hinaus, sie beeinflusst christliche Gemeinschaften weltweit und trägt zur globalen Vielfalt der Bibelauslegung und -praxis bei. Die Einbeziehung von Texten wie dem Buch Henoch und dem Buch der Jubiläen bietet wertvolle Einblicke in das frühjüdische und christliche Denken, während seine besonderen Interpretationstraditionen den theologischen Dialog und die Wissenschaft bereichern.

Mit Blick auf die Zukunft versprechen die Bemühungen zur Digitalisierung und Verbesserung der Zugänglichkeit sowie laufende Anpassungen zur Gewährleistung der

Relevanz, die äthiopisch-orthodoxe Bibel an neue Generationen weiterzugeben. Digitale Initiativen öffnen Türen für eine breitere Verbreitung und wissenschaftliche Untersuchung, während sprachliche Anpassungen und innovative Interpretationsansätze auf aktuelle Herausforderungen und Bestrebungen reagieren. Da die äthiopisch-orthodoxe Kirche sowohl ihre alten Traditionen als auch neue Möglichkeiten des Engagements annimmt, wird die äthiopisch-orthodoxe Bibel auch für kommende Generationen als Leuchtfeuer des Glaubens, der Weisheit und des kulturellen Erbes dienen.